RAÚL VILLAMAYOR BARROS

DOMÓTICA Y CONTROL INTELIGENTE

INNOVACIÓN EN HOGARES Y EDIFICIOS

Año 2024

PREFACIO

La domótica, también conocida como automatización del hogar, está transformando la manera en que vivimos, trabajamos y nos relacionamos con nuestro entorno. En un mundo cada vez más conectado, la integración de tecnologías avanzadas en nuestros hogares y lugares de trabajo no solo mejora nuestra calidad de vida, sino que también nos ofrece nuevas formas de eficiencia, seguridad y comodidad.

Como CEO y Presidente de ZEATHE SMART E.A.S., y pionero en el campo de la domótica LCN y las automatizaciones inteligentes en Paraguay, he tenido el privilegio de estar en la vanguardia de esta revolución tecnológica. Mi experiencia práctica en la implementación y gestión de sistemas domóticos me ha permitido observar de primera mano los beneficios y desafíos asociados con estas tecnologías.

Este libro nace de la necesidad de compartir estos conocimientos y experiencias con un público más amplio. Mi objetivo es proporcionar una guía completa y accesible que cubra los principios básicos de la domótica, las mejores prácticas para su implementación, y las tendencias futuras que están dando forma a esta industria. Desde conceptos fundamentales hasta aplicaciones avanzadas, este libro está diseñado para ser una referencia tanto para profesionales del sector como para entusiastas de la tecnología que buscan mejorar sus hogares y edificios.

En estas páginas, exploraremos cómo los sistemas domóticos pueden hacer nuestras vidas más fáciles y seguras, desde la automatización de la iluminación y la climatización, hasta sistemas de seguridad y control de dispositivos. También abordaremos temas cruciales como la compatibilidad de dispositivos, la selección de protocolos de comunicación y la importancia de la ciberseguridad en un mundo cada vez más interconectado.

A medida que nos adentramos en esta era de innovación constante, es fundamental estar informados y preparados para aprovechar al máximo las oportunidades que la domótica nos ofrece. Confío en que este libro será una herramienta valiosa en ese camino, brindando el conocimiento necesario para implementar y disfrutar de los beneficios de un hogar o edificio inteligente.

Agradezco a todos los que han contribuido a mi comprensión de este campo y a la realización de este libro. Su apoyo y colaboración han sido esenciales para llegar a este punto. Espero que este libro no solo eduque, sino que también inspire nuevas ideas y proyectos en el apasionante mundo de la domótica.

Bienvenidos a la era de la inteligencia en nuestros espacios cotidianos.

EL AUTOR

ÍNDICE

INTRODUCCIÓN

La domótica ha emergido como una de las tecnologías más revolucionarias del siglo XXI, transformando la forma en que interactuamos con nuestros hogares y edificios. Desde simples sistemas de control de iluminación hasta complejas redes de automatización que gestionan la seguridad, la climatización y la energía, la domótica ofrece un sinfín de posibilidades para mejorar nuestra calidad de vida y optimizar el uso de los recursos.

¿Qué es la Domótica?

La domótica, también conocida como hogar inteligente, se refiere al conjunto de tecnologías y sistemas diseñados para automatizar y controlar diferentes aspectos de una vivienda o edificio. Estos sistemas permiten la gestión centralizada de funciones como la iluminación, la calefacción, la ventilación, el aire acondicionado (HVAC), la seguridad, y los electrodomésticos, a través de dispositivos conectados y controlados por una unidad central, aplicaciones móviles o incluso comandos de voz.

La Importancia de la Domótica

La implementación de sistemas domóticos ofrece numerosos beneficios que van más allá de la simple comodidad. Algunos de los principales beneficios incluyen:

- **_Eficiencia Energética:_** Los sistemas domóticos pueden optimizar el uso de la energía al ajustar automáticamente la iluminación y la climatización según la ocupación y las condiciones ambientales, lo que reduce el consumo energético y, por ende, los costos.

- **_Seguridad:_** La integración de sistemas de seguridad, como cámaras, sensores de movimiento y alarmas, permite una vigilancia continua y una respuesta rápida ante cualquier incidente, proporcionando una mayor tranquilidad a los usuarios.

- **_Comodidad:_** La automatización de tareas rutinarias y la capacidad de controlar el hogar a distancia a través de aplicaciones móviles mejora significativamente la comodidad y la calidad de vida de los residentes.

- **_Accesibilidad:_** Para personas con movilidad reducida o discapacidades, los sistemas domóticos pueden facilitar el control del entorno doméstico, haciéndolo más accesible y funcional.

La Evolución de la Domótica

Desde sus inicios, la domótica ha evolucionado considerablemente. Los primeros sistemas de automatización del hogar eran costosos y complicados de instalar, reservados principalmente para viviendas de lujo y proyectos comerciales. Sin embargo, con el avance de la tecnología y la proliferación de dispositivos IoT (Internet de las Cosas), la domótica se ha vuelto más asequible y accesible para el público en general. Hoy en día, es posible crear un hogar inteligente con una inversión relativamente modesta, utilizando dispositivos que se conectan a través de protocolos de comunicación estándar como LCN, Zigbee, Z-Wave, KNX y Wi-Fi.

La Domótica en la Actualidad y el Futuro

Actualmente, la domótica no solo se limita a la automatización de tareas básicas. Las tecnologías emergentes, como la inteligencia artificial (IA) y el aprendizaje automático, están llevando la domótica a nuevos niveles de sofisticación. Los sistemas de IA pueden aprender de los hábitos y preferencias de los usuarios para personalizar y optimizar el entorno del hogar de manera proactiva. Además, la integración con asistentes virtuales como Amazon Alexa, Google Assistant y Apple Siri ha hecho que el control por voz sea una característica estándar en muchos hogares inteligentes.

En el futuro, se espera que la domótica continúe su expansión, con la incorporación de más dispositivos conectados, mejoras en la interoperabilidad y una mayor adopción en mercados emergentes. Las soluciones de domótica también jugarán un papel crucial en el desarrollo de ciudades inteligentes, donde la automatización y el control centralizado de los sistemas de infraestructura urbana contribuirán a una mayor eficiencia y sostenibilidad.

Objetivo del Libro

El objetivo de este libro es proporcionar una guía completa y accesible sobre los principios básicos de la domótica, la planificación e implementación de sistemas domóticos y las tendencias futuras en la automatización del hogar. A través de ejemplos prácticos, estudios de caso y recursos adicionales, este libro busca equipar tanto a profesionales del sector como a entusiastas de la tecnología con el conocimiento necesario para aprovechar al máximo las oportunidades que ofrece la domótica.

Estructura del Libro

El contenido de este libro se organiza en los siguientes capítulos:

1. **Capítulo 1:** Fundamentos de la Domótica – Exploración de los conceptos básicos y la evolución histórica de la domótica.

2. **Capítulo 2:** Componentes y Tecnologías Clave – Análisis de los dispositivos y tecnologías que componen un sistema domótico.

3. **Capítulo 3:** Sistemas de Comunicación y Protocolos – Detalle de los principales protocolos de comunicación y su importancia en la interoperabilidad de dispositivos.

4. **Capítulo 4:** Implementación de Sistemas Domóticos – Guía paso a paso para la planificación, instalación y configuración de sistemas domóticos.

5. **Capítulo 5:** Automatización y Control – Estrategias y mejores prácticas para la automatización eficiente y el control de dispositivos domóticos.

6. **Capítulo 6:** Seguridad y Privacidad en la Domótica – Análisis de los riesgos de seguridad y privacidad y cómo mitigarlos.

7. **Capítulo 7:** Consideraciones para la Implementación de Sistemas Domóticos – Factores clave para la implementación exitosa de sistemas domóticos.

8. **Conclusiones Finales:** Reflexiones sobre el futuro de la domótica y su impacto en la vida cotidiana.

Acompañando a estos capítulos, se incluyen anexos con recursos adicionales, ejemplos de configuración, un glosario de términos y una lista de referencias para profundizar en los temas tratados.

Capítulo 1:

Fundamentos de la Domótica

1.1. Concepto de Domótica

La domótica, derivada del término "domus" que significa casa en latín, se refiere a la integración de tecnologías para la automatización y el control de los sistemas y aparatos domésticos. Este campo abarca desde la simple gestión de la iluminación hasta complejos sistemas de seguridad y ahorro energético, todos controlables de forma remota mediante dispositivos como teléfonos inteligentes, tabletas o asistentes de voz.

La domótica se refiere a la integración de la tecnología en el hogar para mejorar la calidad de vida de sus habitantes. Esta tecnología permite la automatización y el control remoto de diversas funciones del hogar, como la iluminación, la climatización, los sistemas de seguridad y los electrodomésticos, a través de dispositivos conectados y una red de comunicaciones.

La domótica busca proporcionar un entorno más cómodo, seguro y eficiente para los habitantes, permitiendo la programación y el control de diferentes sistemas del hogar de manera centralizada o remota. Un hogar domótico puede responder automáticamente a las condiciones del entorno, como ajustar la iluminación según la hora del día, regular la temperatura en función de la ocupación de las habitaciones o activar sistemas de seguridad cuando detecta ausencia de personas.

1.2. Historia y Evolución de la Domótica

La historia de la domótica se remonta a mediados del siglo XX, con los primeros intentos de automatizar funciones básicas del hogar. Sin embargo, fue a partir de la década de 1980 cuando la tecnología domótica comenzó a desarrollarse de manera más significativa, gracias al avance de los microprocesadores y la informática.

Primeros Pasos: Años 1960-1980

La domótica tiene sus raíces en la década de 1960, cuando comenzaron a desarrollarse los primeros sistemas de control para electrodomésticos y luces. Sin embargo, estos sistemas eran rudimentarios y limitados en funcionalidad.

Avances Significativos: Años 1980-2000

El término "domótica" comenzó a ganar popularidad en la década de 1980, coincidiendo con la aparición de tecnologías más avanzadas y asequibles. Durante estos años, se desarrollaron los primeros sistemas de control por microprocesador, permitiendo una mayor integración y automatización en el hogar. La aparición del protocolo LCN y X10 en

1975 marcó un hito importante, ya que permitió la comunicación entre dispositivos mediante la red eléctrica existente en los hogares.

Revolución Digital: Años 2000-Presente

Con la llegada del internet y la tecnología inalámbrica en los años 2000, la domótica experimentó una revolución. La conectividad a internet permitió el control remoto de los sistemas del hogar desde cualquier lugar del mundo. Los protocolos inalámbricos como Zigbee, Z-Wave y Wi-Fi facilitaron la interconexión de dispositivos sin la necesidad de cableado adicional, sin embargo, la robustez de LCN con su cableado de Bus de Datos es hasta la actualidad la más fiable y garantizada.

En la última década, la integración de la inteligencia artificial (IA) y el Internet de las Cosas (IoT) ha llevado la domótica a un nuevo nivel. Los asistentes de voz como Amazon Alexa, Google Assistant y Apple Siri permiten un control más intuitivo y natural de los sistemas del hogar. Además, los algoritmos de aprendizaje automático mejoran continuamente la eficiencia y personalización de los sistemas domóticos.

En sus inicios, la domótica se centraba en el control de iluminación y climatización. Con el tiempo, la integración de nuevas tecnologías y la expansión de la conectividad permitieron el desarrollo de sistemas más complejos y eficientes, abarcando aspectos como la seguridad, el entretenimiento y la gestión de la energía.

1.3. Componentes Básicos de un Sistema Domótico

Un sistema domótico se compone de varios elementos esenciales que trabajan en conjunto para proporcionar automatización y control. Estos componentes incluyen:

- *Sensores:* Dispositivos que detectan cambios en el entorno, como movimiento, temperatura, humedad, luz, entre otros. Los sensores son fundamentales para proporcionar datos al sistema y activar las acciones correspondientes.

  - *Sensores de movimiento:* Detectan la presencia de personas en una habitación.

  - *Sensores de temperatura:* Miden la temperatura ambiental para regular el sistema de climatización.

  - *Sensores de luz:* Detectan la cantidad de luz natural para ajustar la iluminación artificial.

- *Sensores de humedad:* Controlan la humedad relativa en el ambiente.

- *Sensores de gas y humo:* Alertan sobre la presencia de gases tóxicos o humo, mejorando la seguridad.

• **Actuadores:** Dispositivos que ejecutan acciones específicas en respuesta a las señales recibidas de los sensores. Ejemplos de actuadores incluyen interruptores de luz, termostatos, cerraduras electrónicas y motores para persianas.

- *Interruptores de luz:* Permiten encender o apagar las luces de manera automática.

- *Termostatos inteligentes*: Regulan la temperatura del hogar ajustando la calefacción o el aire acondicionado.

- *Cerraduras electrónicas:* Controlan el acceso a la vivienda.

- *Motores para persianas:* Suben o bajan las persianas en función de la luz natural o programaciones específicas.

• **Controladores:** El controlador es el cerebro del sistema domótico. Recibe información de los sensores, la procesa y envía órdenes a los actuadores. Los controladores pueden ser dispositivos dedicados o software que se ejecuta en computadoras o servidores. Su función principal es coordinar todos los elementos del sistema para que trabajen de manera armoniosa.

- **Interfaz de Usuario:** La interfaz de usuario es el medio a través del cual los usuarios interactúan con el sistema domótico. Puede ser una aplicación móvil, un panel de control montado en la pared, un ordenador o incluso un asistente de voz. La interfaz debe ser intuitiva y fácil de usar, permitiendo a los usuarios monitorizar y controlar los diferentes sistemas del hogar sin complicaciones.

- **Red de Comunicación:** Infraestructura que permite la transmisión de datos entre los diferentes componentes del sistema. La red de comunicación es esencial para la interconexión de todos los componentes del sistema domótico. Existen varios tipos de redes que se pueden utilizar:

   - *Redes cableadas:* Como Bus de Datos LCN, Ethernet, que ofrecen alta velocidad y fiabilidad.

- *Redes inalámbricas:* Como Wi-Fi, Zigbee y Z-Wave, que facilitan la instalación y expansión del sistema sin necesidad de cableado adicional.

1.4. Importancia de la Domótica

La domótica no solo mejora el confort y la seguridad en el hogar, sino que también tiene un impacto significativo en la eficiencia energética y la sostenibilidad.

La implementación de la domótica en hogares y edificios ofrece múltiples beneficios, tales como:

- **Confort:** La domótica permite la personalización de las funciones del hogar según las preferencias individuales. Los sistemas de iluminación pueden ajustarse automáticamente para crear ambientes acogedores, la climatización puede regularse para mantener temperaturas ideales en cada habitación y los sistemas de entretenimiento pueden integrarse para proporcionar experiencias multimedia inmersivas.

- **Seguridad:** La seguridad es una de las principales motivaciones para la adopción de la domótica. Los sistemas de vigilancia por cámaras, las alarmas de intrusión, los detectores de humo y gas, y las cerraduras electrónicas trabajan juntos para proteger el hogar y sus habitantes. Las notificaciones en tiempo real y la capacidad de monitorizar el hogar desde cualquier lugar proporcionan tranquilidad adicional.

- **Eficiencia Energética:** Los sistemas domóticos contribuyen significativamente a la eficiencia energética del hogar. Los termostatos inteligentes ajustan la temperatura de manera óptima, las luces se apagan automáticamente cuando no se necesitan y los electrodomésticos pueden programarse para funcionar en horarios de menor consumo energético. Esto no solo reduce la factura de energía, sino que también disminuye el impacto ambiental.

- **Accesibilidad:** Para personas con discapacidades o limitaciones físicas, la domótica ofrece una mayor independencia y comodidad. El control de voz, las interfaces simplificadas y la automatización de tareas cotidianas facilitan la vida diaria, permitiendo que los usuarios manejen su entorno con menor esfuerzo, así como también personas discapacitadas.

1.5. Domótica Alemana LCN: Local Control Network

Introducción a LCN

Local Control Network (LCN) es un sistema de domótica desarrollado en Alemania, conocido por su robustez, flexibilidad y escalabilidad. LCN se distingue por su enfoque en la descentralización del control, lo que lo hace altamente confiable y adecuado tanto para aplicaciones residenciales como comerciales. A continuación, exploramos en detalle qué es LCN, sus características principales, y cómo se integra en el entorno domótico.

Historia y Desarrollo de LCN

LCN fue desarrollado por la empresa ISSENDORFF KG en los años 90. Desde su creación, LCN ha evolucionado para incluir una amplia gama de módulos y dispositivos que permiten una integración completa de las tecnologías del hogar inteligente. La filosofía detrás de LCN se centra en la descentralización del control y la alta fiabilidad, características que han consolidado su reputación en el mercado europeo de la domótica.

Arquitectura de LCN

LCN se basa en una red de módulos interconectados que se comunican entre sí a través de un bus de datos. Esta arquitectura descentralizada significa que cada módulo tiene la capacidad de operar de forma autónoma, lo que aumenta la fiabilidad del sistema. Si un módulo falla, los demás pueden continuar funcionando sin interrupciones significativas.

- *Módulos de Control:* Los módulos de control LCN son los componentes principales del sistema. Cada módulo puede gestionar múltiples entradas y salidas, permitiendo el control de iluminación, climatización, seguridad, y otros sistemas del hogar.

- *Bus de Datos:* El bus de datos LCN permite la comunicación entre los módulos. Este bus es altamente robusto y puede cubrir largas distancias, lo que facilita la instalación en edificios grandes o complejos.

- *Interfaz de Usuario:* LCN ofrece diversas opciones de interfaz de usuario, incluyendo paneles táctiles, aplicaciones móviles y control por voz. Estas interfaces permiten a los usuarios monitorear y controlar sus sistemas domóticos de manera intuitiva.

Características Principales de LCN

- *Descentralización del Control*: A diferencia de otros sistemas que dependen de un controlador central, LCN distribuye el control entre múltiples módulos. Esto aumenta la fiabilidad y flexibilidad del sistema.

- *Escalabilidad:* LCN es altamente escalable, lo que permite su implementación en proyectos de cualquier tamaño, desde viviendas unifamiliares hasta edificios comerciales e industriales.

- *Integración Versátil:* LCN puede integrarse con una amplia variedad de dispositivos y sistemas, incluyendo iluminación, HVAC, seguridad, sistemas de entretenimiento y gestión de energía.

- *Comunicación Bidireccional*: Los módulos LCN pueden enviar y recibir datos, lo que permite una interacción dinámica entre los diferentes componentes del sistema. Esto facilita la implementación de escenarios complejos y personalizados.

- *Alta Fiabilidad:* Gracias a su arquitectura descentralizada y la calidad de sus componentes, LCN es conocido por su alta fiabilidad y bajo mantenimiento.

Aplicaciones de LCN en la Domótica

- *Control de Iluminación:* LCN permite un control preciso de la iluminación, incluyendo el ajuste de la intensidad y la creación de escenas de iluminación personalizadas. Los sensores de presencia y luminosidad pueden integrarse para automatizar el control de las luces.

- *Climatización:* Los sistemas HVAC pueden ser controlados de manera eficiente mediante LCN, ajustando la temperatura y la ventilación en función de la ocupación y las preferencias del usuario.

- *Seguridad:* LCN puede gestionar sistemas de alarma, cámaras de seguridad, y control de acceso. Los módulos de seguridad pueden integrarse con otros sistemas para crear un entorno seguro y monitorizado.

- *Gestión de Energía:* LCN facilita el monitoreo y la gestión del consumo energético, permitiendo la implementación de medidas de ahorro y eficiencia energética. Los usuarios pueden obtener datos detallados sobre el uso de energía y ajustar sus hábitos para reducir el consumo.

- *Automatización de Tareas:* A través de la programación de escenarios, LCN permite la automatización de múltiples tareas cotidianas, mejorando la comodidad y la eficiencia en el hogar.

Ventajas de LCN

- *Fiabilidad:* La descentralización y la calidad de los componentes aseguran un funcionamiento robusto.

- *Flexibilidad:* Puede adaptarse a diferentes necesidades y tamaños de proyectos.
- *Integración:* Compatible con una amplia gama de dispositivos y tecnologías.

- *Escalabilidad:* Fácil de expandir y adaptar conforme crecen las necesidades.

Conclusión

LCN representa una solución avanzada y confiable en el campo de la domótica, destacándose por su enfoque descentralizado y su capacidad para integrarse con una variedad de sistemas. La combinación de fiabilidad, flexibilidad y escalabilidad hace de LCN una opción atractiva para quienes buscan una solución domótica robusta y versátil. Su implementación puede transformar tanto hogares como edificios comerciales, ofreciendo mejoras significativas en confort, seguridad y eficiencia energética.

Capítulo 2:

Tecnologías Clave en Domótica

Introducción

En el campo de la domótica, diversas tecnologías permiten la interconexión y el control de dispositivos dentro del hogar. Este capítulo explora las principales tecnologías que forman la base de los sistemas domóticos, incluyendo redes de comunicación, sensores, actuadores y protocolos de comunicación.

2.1. Redes de Comunicación

Las redes de comunicación son fundamentales para la operación de sistemas domóticos, ya que permiten la transmisión de datos entre los diferentes componentes del sistema. Existen varios tipos de redes utilizadas en la domótica, cada una con sus propias ventajas y desventajas.

2.1.1. LCN (Local Control Network)

Como se mencionó en el capítulo anterior, LCN es un sistema de control descentralizado desarrollado en Alemania. Es conocido por su robustez y flexibilidad, adecuado tanto para aplicaciones residenciales como comerciales.

Ventajas:

- Alta fiabilidad y flexibilidad.

- Descentralización del control, aumentando la robustez del sistema.

- Integración versátil con una variedad de dispositivos y sistemas.

Desventajas:

- Mayor costo inicial.

- Requiere conocimientos técnicos para la configuración y mantenimiento.

2.1.2. Zigbee

Zigbee es un estándar de comunicación inalámbrica diseñado específicamente para aplicaciones de bajo consumo y bajo ancho de banda, como las de domótica. Utiliza la banda de frecuencia de 2.4 GHz y es conocido por su capacidad de formar redes de malla, donde los dispositivos pueden comunicarse entre sí de manera directa o a través de otros dispositivos.

Ventajas:

- Bajo consumo de energía.

- Alta fiabilidad gracias a la topología de red de malla.

- Amplio soporte por parte de fabricantes y una gran cantidad de dispositivos compatibles.

Desventajas:

- Menor ancho de banda en comparación con otras tecnologías inalámbricas.

- Alcance limitado en entornos con muchas barreras físicas.

2.1.3. Z-Wave

Z-Wave es otro protocolo inalámbrico popular en domótica, que opera en la banda de frecuencia sub-GHz, lo que le permite una mejor penetración a través de paredes y otros obstáculos en comparación con Zigbee. También utiliza una topología de red de malla.

Ventajas:

- Mejor alcance y penetración en comparación con Zigbee.

- Menor interferencia, ya que opera en la banda sub-GHz.

- Compatible con una amplia gama de dispositivos.

Desventajas:

- Mayor costo de los dispositivos en comparación con Zigbee.

- Menor cantidad de fabricantes y dispositivos compatibles en comparación con Zigbee.

2.1.4. KNX

KNX es un estándar internacional para el control de casas y edificios. Utiliza una variedad de medios de transmisión, incluyendo cableado de par trenzado, radiofrecuencia, red eléctrica y Ethernet.

Ventajas:

- Altamente flexible y escalable.

- Soporte para una amplia gama de dispositivos y aplicaciones.

- Alta fiabilidad y seguridad.

Desventajas:

- Mayor complejidad en la configuración e instalación.

- Costos más altos en comparación con otros protocolos.

2.1.5. BACnet

BACnet (Building Automation and Control Network) es un protocolo de comunicación diseñado específicamente para la automatización de edificios. Es ampliamente utilizado en sistemas de gestión de edificios comerciales.

Ventajas:

- Amplia adopción en el sector comercial.

- Alta interoperabilidad entre diferentes sistemas y dispositivos.

- Soporte para una gran cantidad de funciones y aplicaciones.

Desventajas:

- Complejidad en la implementación y mantenimiento.

- Requiere hardware y software compatibles con BACnet.

2.1.6. Wi-Fi

Wi-Fi es una tecnología de red inalámbrica muy extendida que también se utiliza en aplicaciones de domótica. A diferencia de Zigbee y Z-Wave, Wi-Fi ofrece un mayor ancho de banda, lo que es útil para dispositivos que requieren transmitir grandes cantidades de datos, como cámaras de seguridad.

Ventajas:

- Alta velocidad de transmisión de datos.

- Amplia disponibilidad y fácil integración con redes existentes.

- Soporte para una gran cantidad de dispositivos.

Desventajas:

- Mayor consumo de energía, lo que puede ser un problema para dispositivos alimentados por batería.

- Mayor congestión y posibles interferencias en la banda de 2.4 GHz.

2.2. Sensores y Actuadores

Los sensores y actuadores son componentes clave en cualquier sistema domótico. Los sensores recopilan datos del entorno, mientras que los actuadores realizan acciones en respuesta a esos datos.

Sensores

Los sensores permiten al sistema domótico recopilar información sobre el entorno y el estado de los dispositivos. Algunos tipos comunes de sensores incluyen:

- *Sensores de Movimiento:* Detectan la presencia de personas y pueden activar luces, alarmas o cámaras de seguridad.

- *Sensores de Temperatura y Humedad:* Monitorean las condiciones ambientales para ajustar la climatización y mantener un ambiente cómodo.

- *Sensores de Luz:* Detectan la cantidad de luz natural y ajustan la iluminación artificial en consecuencia.

- *Sensores de Puertas y Ventanas:* Monitorean el estado de puertas y ventanas, mejorando la seguridad y la eficiencia energética.

- *Sensores de Gas y Humo:* Detectan gases peligrosos y humo, activando alarmas y sistemas de ventilación para mejorar la seguridad.

Actuadores

Los actuadores son dispositivos que realizan acciones físicas en respuesta a las señales recibidas de los sensores o controladores. Ejemplos comunes de actuadores incluyen:

- *Interruptores de Luz:* Permiten encender o apagar las luces de manera automática o remota.

- *Termostatos Inteligentes:* Ajustan la temperatura del hogar en función de las lecturas de los sensores y las preferencias del usuario.

- *Cerraduras Electrónicas:* Controlan el acceso a la vivienda, permitiendo la entrada solo a personas autorizadas.

- *Motores para Persianas y Cortinas:* Suben o bajan persianas y cortinas en función de la luz natural o programaciones específicas.

- *Válvulas y Bombas:* Controlan el flujo de agua y otros líquidos, mejorando la eficiencia en el uso de recursos.

2.3. Protocolos de Comunicación

Los protocolos de comunicación son las reglas y estándares que permiten a los dispositivos domóticos intercambiar información de manera efectiva. Algunos de los protocolos más utilizados en domótica incluyen:

Integración de Tecnologías en Sistemas Domóticos

La integración efectiva de las diferentes tecnologías es crucial para el éxito de un sistema domótico. Esto implica la correcta configuración y coordinación de los sensores, actuadores, redes de comunicación y protocolos para asegurar un funcionamiento armonioso y eficiente.

- **Compatibilidad de Dispositivos:** Es fundamental elegir dispositivos que sean compatibles entre sí y con el sistema de control central.

- **Configuración y Programación:** La configuración y programación adecuada de los dispositivos permite la automatización de tareas y la personalización del sistema según las necesidades del usuario.

- **Seguridad y Privacidad:** La seguridad de la red y los dispositivos es esencial para proteger la información y garantizar un funcionamiento seguro del sistema domótico.

- **Mantenimiento y Actualización:** El mantenimiento regular y la actualización de software y firmware aseguran que el sistema funcione de manera óptima y se mantenga al día con las últimas mejoras tecnológicas.

Conclusión

Las tecnologías clave en domótica, desde las redes de comunicación hasta los sensores y actuadores, y los protocolos de comunicación, forman la columna vertebral de los sistemas domóticos modernos. Comprender estas tecnologías y su integración es esencial para diseñar e implementar soluciones domóticas eficaces y eficientes que mejoren la calidad de vida, la seguridad y la eficiencia energética en los hogares y edificios.

Este capítulo proporciona una base sólida para entender las tecnologías que impulsan la domótica y prepara el terreno para explorar aplicaciones específicas y casos de uso en los capítulos siguientes.

Capítulo 3:

Aplicaciones Prácticas
de la Domótica

Introducción

La domótica abarca una amplia variedad de aplicaciones prácticas que transforman los hogares y edificios en entornos más inteligentes, eficientes y confortables. Este capítulo explora en detalle cómo se aplican las tecnologías domóticas en áreas clave como la iluminación, la climatización, la seguridad, el entretenimiento y la gestión energética.

3.1. Control de Iluminación

La automatización de la iluminación es una de las aplicaciones más comunes y visibles de la domótica. Un sistema de iluminación inteligente no solo mejora la comodidad y el ambiente del hogar, sino que también contribuye al ahorro energético.

Iluminación Adaptativa

Los sistemas de iluminación adaptativa ajustan automáticamente la intensidad de las luces en función de la cantidad de luz natural disponible, la hora del día y la presencia de personas en la habitación. Esto se logra mediante el uso de sensores de luz y movimiento.

Beneficios:

- Ahorro energético al reducir el uso innecesario de luces artificiales.

- Mejora del confort visual adaptando la iluminación a las necesidades específicas.

- Extensión de la vida útil de las bombillas al reducir el tiempo de uso.

Escenas de Iluminación

Las escenas de iluminación permiten preconfigurar diferentes configuraciones de luz para adaptarse a diversas actividades o estados de ánimo, como cenas, lectura o entretenimiento. Estas escenas se pueden activar mediante controles de pared, aplicaciones móviles o comandos de voz.

Beneficios:

- Personalización del ambiente para diferentes actividades.

- Facilidad de uso y comodidad al cambiar entre diferentes configuraciones de luz con un solo comando.

- Integración con otros sistemas domóticos para crear experiencias completas (por ejemplo, bajar las persianas y ajustar la luz para ver una película).

3.2. Climatización Inteligente

La climatización es otra área donde la domótica tiene un impacto significativo, proporcionando control preciso de la temperatura y la calidad del aire.

Termostatos Inteligentes

Los termostatos inteligentes permiten el control remoto de los sistemas de calefacción y aire acondicionado, aprendiendo las preferencias del usuario y ajustándose automáticamente para maximizar el confort y la eficiencia energética.

Beneficios:

- Ahorro energético al ajustar la temperatura de manera más precisa y eficiente.

- Mejora del confort personalizando la climatización según las preferencias individuales.

- Acceso remoto para ajustar la temperatura desde cualquier lugar mediante aplicaciones móviles.

Control de Humedad y Ventilación

Los sistemas de domótica pueden integrar sensores de humedad y ventilación para mantener niveles óptimos de humedad y calidad del aire en el hogar.

Beneficios:

- Mejora de la calidad del aire interior al regular la humedad y ventilar adecuadamente.

- Prevención de problemas de salud asociados con niveles de humedad inadecuados, como alergias y problemas respiratorios.

- Ahorro energético al optimizar el uso de sistemas de ventilación y deshumidificación.

3.3. Seguridad Doméstica

La seguridad es una de las principales motivaciones para la adopción de la domótica. Los sistemas de seguridad domótica ofrecen protección integral contra intrusos, incendios, fugas de gas y otras amenazas.

Sistemas de Alarma y Vigilancia

Los sistemas de alarma y vigilancia integrados en la domótica permiten monitorear el hogar en tiempo real mediante cámaras de seguridad, sensores de movimiento y detectores de puertas y ventanas.

Beneficios:

- Mayor tranquilidad al poder monitorear el hogar desde cualquier lugar.

- Respuesta rápida a incidentes mediante notificaciones instantáneas y grabaciones de video.

- Disuasión de intrusos con sistemas de alarma visibles y audibles.

Control de Acceso

Las cerraduras electrónicas y los sistemas de control de acceso permiten gestionar quién entra y sale del hogar, utilizando códigos de acceso, tarjetas RFID o aplicaciones móviles.

Beneficios:

- Mayor seguridad al eliminar la necesidad de llaves físicas que pueden perderse o ser duplicadas.
- Control detallado de acceso, incluyendo la capacidad de otorgar acceso temporal a visitantes o personal de servicio.

- Registro de entradas y salidas para mayor control y supervisión.

Sensores de Humo, Gas y Agua

Los sensores de humo, gas y agua integrados en un sistema domótico pueden detectar rápidamente incendios, fugas de gas o agua, y activar alarmas o cortar el suministro de gas o agua para evitar daños mayores.

Beneficios:

- Protección integral contra incendios y fugas, minimizando daños y riesgos para la salud.

- Notificaciones inmediatas para una respuesta rápida en caso de emergencia.

- Automatización de medidas de seguridad, como cortar el suministro de gas en caso de detección de fugas.

3.4. Entretenimiento y Confort

La domótica también transforma la experiencia de entretenimiento y confort en el hogar, integrando sistemas de audio, video y otros dispositivos para crear ambientes personalizados.

Sistemas de Audio y Video

Los sistemas de audio y video integrados permiten controlar de manera centralizada televisores, sistemas de sonido, reproductores de música y otros dispositivos de entretenimiento.

Beneficios:

- Control centralizado y simplificado de todos los dispositivos de entretenimiento.

- Creación de ambientes inmersivos mediante la integración de sistemas de audio y video en escenas de domótica.

- Personalización del entretenimiento según las preferencias del usuario, incluyendo la capacidad de reproducir diferentes contenidos en distintas habitaciones.

Automatización de Tareas Cotidianas

La domótica puede automatizar tareas cotidianas como el riego de jardines, el control de persianas y cortinas, y la gestión de electrodomésticos.

Beneficios:

- Ahorro de tiempo y esfuerzo al automatizar tareas rutinarias.

- Mejora del confort y la eficiencia en el hogar.

- Integración con otros sistemas domóticos para crear experiencias de hogar completamente automatizadas.

3.5. Gestión Energética

La gestión energética es una aplicación clave de la domótica que contribuye significativamente al ahorro de energía y la sostenibilidad.

Monitoreo de Consumo Energético

Los sistemas de domótica permiten el monitoreo detallado del consumo energético de cada dispositivo y sistema en el hogar, proporcionando datos valiosos para identificar áreas de mejora.

Beneficios:

- Identificación de dispositivos que consumen demasiada energía y oportunidades para mejorar la eficiencia.

- Toma de decisiones informadas para reducir el consumo energético y las facturas de servicios públicos.

- Contribución a la sostenibilidad al reducir el impacto ambiental del consumo energético del hogar.

Gestión de Energía Renovable

La integración de sistemas de energía renovable, como paneles solares y sistemas de almacenamiento de energía, en la domótica permite optimizar el uso de fuentes de energía renovable y reducir la dependencia de la red eléctrica.

Introducción

Implementar un sistema domótico implica varios pasos clave, desde la planificación inicial hasta la instalación y configuración de los dispositivos. Este capítulo proporciona una guía detallada sobre cómo llevar a cabo este proceso, asegurando que se logre una integración eficiente y efectiva de la domótica en el hogar o edificio.

Fases de la Implementación de un Sistema Domótico

La implementación de un sistema domótico se puede dividir en varias fases, cada una con sus propias consideraciones y tareas específicas.

4.1. Planificación y Diseño del Sistema

La fase de planificación y diseño es crucial para el éxito de un proyecto de domótica. Durante esta fase, se identifican las necesidades del usuario, se seleccionan los dispositivos adecuados y se diseña la arquitectura del sistema.

Pasos Clave:

- ***Identificación de Necesidades:*** Determine qué funcionalidades de domótica son necesarias y deseadas por el usuario, como el control de iluminación, climatización, seguridad, etc.

- **Selección de Dispositivos:** Elija los dispositivos y tecnologías que mejor se adapten a las necesidades identificadas, considerando la compatibilidad y las características técnicas.

- **Diseño de la Arquitectura:** Diseñe la arquitectura del sistema, incluyendo la ubicación de los sensores, actuadores y controladores, así como la planificación del cableado y la red de comunicación.

Consejos Prácticos:

- Involucre a todos los usuarios en la fase de planificación para asegurarse de que se consideren todas las necesidades y preferencias.

- Realice un análisis de costos para asegurarse de que el proyecto sea económicamente viable.

- Considere la escalabilidad del sistema para futuras expansiones o actualizaciones.

4.2. Instalación del Sistema

Una vez completada la fase de planificación, se procede a la instalación de los dispositivos y el hardware necesarios. Esta fase incluye la instalación de sensores, actuadores, controladores y otros componentes del sistema domótico.

Pasos Clave:

- **Instalación de Sensores:** Coloque los sensores en ubicaciones estratégicas para maximizar su efectividad. Asegúrese de que estén correctamente conectados a la red de comunicación.

- **Instalación de Actuadores:** Instale los actuadores en los puntos de control, como interruptores de luz, termostatos y cerraduras electrónicas.

- **Configuración de Controladores:** Configure los controladores centrales o módulos de control, asegurándose de que estén correctamente integrados con los sensores y actuadores.

Consejos Prácticos:

- Siga las instrucciones del fabricante para la instalación de cada dispositivo.

- Verifique la conexión y funcionamiento de cada dispositivo antes de proceder a la siguiente etapa.

- Considere la contratación de un profesional si no tiene experiencia en la instalación de sistemas eléctricos y de comunicación.

4.3. Configuración y Programación

La configuración y programación del sistema es una fase crítica para asegurar que todos los dispositivos funcionen de manera armoniosa y eficiente. Durante esta fase, se programan los dispositivos y se configuran los escenarios y automatizaciones.

Pasos Clave:

- ***Programación de Escenarios:*** Cree y programe escenarios de automatización que respondan a las necesidades y preferencias del usuario, como el encendido automático de luces al detectar movimiento.

- ***Configuración de Interfaces:*** Configure las interfaces de usuario, como aplicaciones móviles y paneles táctiles, para facilitar el control del sistema.

- **Pruebas y Ajustes:** Realice pruebas exhaustivas del sistema para asegurarse de que todos los dispositivos y automatizaciones funcionen correctamente. Ajuste las configuraciones según sea necesario.

Consejos Prácticos:

- Aproveche las funciones de aprendizaje automático de algunos sistemas para personalizar aún más las automatizaciones.

- Documente todas las configuraciones y escenarios para facilitar el mantenimiento y la resolución de problemas futuros.

- Asegúrese de que el usuario final reciba la capacitación adecuada sobre el uso del sistema.

4.4. Integración con Otros Sistemas

La integración con otros sistemas es fundamental para aprovechar al máximo las capacidades de la domótica. Esto puede incluir la integración con sistemas de seguridad, entretenimiento, gestión energética y más.

Pasos Clave:

- **Identificación de Sistemas a Integrar:** Determine qué otros sistemas deben integrarse con la domótica, como sistemas de seguridad, cámaras de vigilancia, y sistemas de HVAC.

- **Implementación de Interfaces de Integración:** Configure las interfaces necesarias para que los sistemas puedan comunicarse entre sí, utilizando protocolos estándar como LCN, KNX, BACnet, o APIs específicas.

- **Pruebas de Integración:** Realice pruebas para asegurarse de que los sistemas se integren correctamente y funcionen de manera coordinada.

Consejos Prácticos:

- Utilice plataformas de integración que faciliten la conexión entre diferentes sistemas y dispositivos.

- Verifique la compatibilidad de los dispositivos y sistemas antes de la integración.

- Considere las implicaciones de seguridad al integrar sistemas críticos, asegurando una comunicación segura y encriptada.

4.5. Mantenimiento y Actualización

El mantenimiento y la actualización regular del sistema domótico son esenciales para garantizar su funcionamiento óptimo a lo largo del tiempo. Esto incluye la actualización del software, la revisión de hardware y la solución de problemas.

Pasos Clave:

- ***Actualización de Software y Firmware:*** Mantenga todos los dispositivos y controladores actualizados con las últimas versiones de software y firmware.

- ***Revisión Regular del Sistema:*** Realice revisiones periódicas del sistema para identificar y solucionar problemas potenciales antes de que se conviertan en fallas mayores.

- ***Respaldo y Recuperación de Datos:*** Realice copias de seguridad regulares de las configuraciones y datos del sistema para facilitar la recuperación en caso de fallos.

Consejos Prácticos:

- Programe mantenimientos regulares para revisar el estado de los dispositivos y el sistema en general.

- Esté atento a las actualizaciones de seguridad para proteger el sistema contra vulnerabilidades.

- Documente todas las actividades de mantenimiento y actualizaciones realizadas.

4.6. Desafíos Comunes y Soluciones

Implementar un sistema domótico puede presentar varios desafíos. A continuación, se describen algunos de los problemas más comunes y sus posibles soluciones.

4.6.1. Problemas de Compatibilidad

La compatibilidad entre dispositivos de diferentes fabricantes puede ser un desafío significativo. Para evitar problemas, es recomendable:

- ***Utilizar Protocolos Estándar:*** Optar por dispositivos que utilicen protocolos de comunicación estándar y ampliamente soportados.

- *Verificar Compatibilidad Antes de la Compra:* Consultar las especificaciones y documentación de los dispositivos para asegurarse de su compatibilidad.

- *Usar Hubs de Integración:* Utilizar hubs, servidores o plataformas de integración que faciliten la conexión entre dispositivos de diferentes marcas.

4.6.2. Problemas de Conectividad

Los problemas de conectividad pueden afectar el rendimiento del sistema domótico. Para mitigar estos problemas:

- *Optimizar la Red de Comunicación:* Asegurarse de que la red Wi-Fi o la red de comunicación utilizada tenga suficiente cobertura y capacidad.

- *Repetidores y Extensores:* Utilizar repetidores o extensores de señal para mejorar la cobertura en áreas problemáticas.

- *Redundancia y Respaldo:* Implementar soluciones de respaldo y redundancia para minimizar el impacto de fallos de conectividad.

4.6.3. Seguridad y Privacidad

La seguridad y privacidad son consideraciones críticas en cualquier sistema domótico. Para proteger el sistema:

- *Utilizar Protocolos Seguros:* Asegurarse de que todas las comunicaciones se realicen mediante protocolos seguros y encriptados.

- *Actualizaciones de Seguridad:* Mantener todos los dispositivos actualizados con las últimas actualizaciones de seguridad.

- *Contraseñas Fuertes y Autenticación:* Utilizar contraseñas fuertes y autenticación multifactor para acceder al sistema.

Conclusión

La implementación de un sistema domótico requiere una planificación cuidadosa, instalación meticulosa y configuración precisa. Al seguir las fases descritas en este capítulo, se puede asegurar que el sistema funcione de manera eficiente y satisfaga las necesidades del usuario. La atención a los detalles en la selección de dispositivos, la integración de sistemas y el mantenimiento continuo son claves para el éxito de cualquier proyecto de domótica. En los próximos capítulos, exploraremos casos de estudio y ejemplos reales de implementación de sistemas domóticos, proporcionando una visión práctica y aplicada de estos conceptos.

Capítulo 5:

Casos de Estudio y
Ejemplos Reales

Introducción

Para comprender mejor el impacto y la eficacia de los sistemas domóticos, es útil analizar casos de estudio y ejemplos reales de su implementación. Este capítulo presenta varios estudios de caso que destacan cómo la domótica ha mejorado la comodidad, la eficiencia y la seguridad en diferentes tipos de propiedades, desde residencias hasta edificios comerciales y entornos industriales.

5.1. Caso de Estudio 1: Domótica en Viviendas Residenciales

Contexto

Una familia de cuatro personas decidió implementar un sistema domótico en su nueva residencia para mejorar la eficiencia energética, la seguridad y la comodidad. La casa, ubicada en un área suburbana, cuenta con dos plantas, un jardín y un garaje.

Soluciones Implementadas

- **Control de Iluminación**

  - Instalación de sensores de movimiento y luz en todas las habitaciones.

- Configuración de escenas de iluminación para diferentes actividades (por ejemplo, cine en casa, cenas, y modo nocturno).

- Integración de luces LED regulables para mejorar la eficiencia energética.

● **Climatización Inteligente**

- Instalación de termostatos inteligentes en todas las zonas de la casa.

- Configuración de horarios y ajustes automáticos según la ocupación y las preferencias de temperatura.

● **Seguridad Doméstica**

- Instalación de cámaras de seguridad con acceso remoto.

- Integración de sensores de puertas y ventanas para detectar intrusiones.

- Configuración de alarmas y notificaciones automáticas al smartphone del propietario.

- **Gestión Energética**

- Monitoreo del consumo energético de todos los electrodomésticos y sistemas.

- Integración con paneles solares para maximizar el uso de energía renovable.

- Programación de electrodomésticos de alto consumo para que funcionen durante horas de baja demanda energética.

Resultados

- *Ahorro Energético:* La familia reportó una reducción del 30% en su factura de energía en el primer año gracias a la gestión eficiente de la iluminación y la climatización.

- *Mayor Seguridad:* Los incidentes de seguridad disminuyeron significativamente, y la familia se siente más tranquila con las notificaciones y el monitoreo remoto.

- *Confort Mejorado:* Las escenas de iluminación y el control de la temperatura personalizada mejoraron significativamente la comodidad del hogar.

5.2. Caso de Estudio 2:
Automatización en Edificios Comerciales

Contexto

Una empresa tecnológica decidió implementar un sistema domótico en su edificio de oficinas para mejorar la eficiencia operativa, la seguridad y el confort de sus empleados. El edificio de cinco plantas alberga a más de 200 empleados.

Soluciones Implementadas

- **Control de Iluminación**

 - Instalación de sensores de presencia en todas las oficinas y áreas comunes.

 - Configuración de iluminación adaptativa para ajustar la intensidad según la luz natural disponible.

 - Uso de sistemas de iluminación LED de alta eficiencia.

- **Climatización Inteligente**

 - Instalación de un sistema de climatización centralizado con control zonal.

- Programación de horarios de climatización y ajustes automáticos basados en la ocupación de las oficinas.

- **Seguridad y Control de Acceso**

- Implementación de un sistema de control de acceso con tarjetas RFID y cerraduras electrónicas.

- Integración de cámaras de vigilancia en las entradas, salidas y áreas comunes.

- Configuración de alarmas y notificaciones automáticas para eventos de seguridad.

- **Gestión Energética**

- Monitoreo en tiempo real del consumo energético del edificio.

- Implementación de sistemas de gestión de energía para optimizar el uso de equipos de oficina y sistemas de climatización.

- Integración con fuentes de energía renovable, como paneles solares en el techo del edificio.

Resultados

- **Eficiencia Energética:** El edificio logró una reducción del 25% en el consumo de energía, contribuyendo a los objetivos de sostenibilidad de la empresa.

- **Mejora de la Productividad:** El confort mejorado y la gestión eficiente del ambiente de trabajo resultaron en un aumento del 15% en la productividad de los empleados.

- **Mayor Seguridad:** La implementación de controles de acceso y vigilancia mejoró significativamente la seguridad del edificio y la protección de activos.

5.3. Caso de Estudio 3: Proyectos de Automatización a Gran Escala en Hospital

Contexto

Un hospital en una ciudad mediana decidió implementar un sistema domótico para mejorar la eficiencia operativa, la seguridad de los pacientes y el confort del personal. El hospital tiene una capacidad de 300 camas y varios departamentos especializados.

Soluciones Implementadas

- **Control de Iluminación y Climatización**

- Instalación de sensores de movimiento y temperatura en habitaciones y áreas comunes.

- Automatización de la iluminación y la climatización para ajustar según la ocupación y las necesidades específicas de los pacientes.

- **Seguridad y Monitoreo de Pacientes**

- Implementación de un sistema de vigilancia con cámaras y sensores en las entradas, salidas y áreas críticas.

- Integración de sistemas de monitoreo de pacientes para detectar caídas y otros incidentes.

- Configuración de alarmas y notificaciones automáticas para el personal médico en caso de emergencias.

- **Gestión Energética**

- Monitoreo del consumo energético de todos los sistemas y equipos médicos.

- Implementación de medidas de eficiencia energética en iluminación, climatización y equipos médicos.

- Integración con sistemas de energía renovable para reducir la dependencia de la red eléctrica.

Resultados

- *Ahorro Energético:* El hospital reportó una reducción del 20% en los costos de energía, permitiendo reinvertir estos ahorros en la mejora de servicios médicos.

- *Mejora en la Atención al Paciente:* El monitoreo continuo y la automatización mejoraron la respuesta a emergencias y el confort de los pacientes.

- *Mayor Seguridad:* La implementación de sistemas de seguridad y monitoreo redujo los incidentes de seguridad y mejoró la protección de los pacientes y el personal.

5.4. Caso de Estudio 4:
Edificio de Apartamentos Inteligente

Contexto

Una promotora inmobiliaria decidió construir un edificio de apartamentos inteligente con el objetivo de atraer a inquilinos interesados en tecnologías avanzadas y eficiencia energética. El edificio consta de 50 apartamentos y varias áreas comunes.

Soluciones Implementadas

- **Control de Iluminación y Climatización**

- Cada apartamento cuenta con control individualizado de iluminación y climatización mediante sensores y termostatos inteligentes.

- Automatización de la iluminación y la climatización en áreas comunes como pasillos, gimnasio y sala de reuniones.

- **Seguridad y Control de Acceso**

- Instalación de cerraduras electrónicas en cada apartamento y en las entradas principales del edificio.

- Integración de cámaras de seguridad y sistemas de vigilancia en áreas comunes y puntos de acceso.

• **Gestión Energética y Sostenibilidad**

- Monitoreo del consumo energético de cada apartamento y áreas comunes.

- Integración de sistemas de energía renovable, como paneles solares y almacenamiento de energía.

- Implementación de sistemas de reciclaje automatizado y gestión de residuos.

Resultados

- ***Eficiencia Energética:*** El edificio logró una calificación energética superior, reduciendo los costos de energía para los inquilinos y promoviendo la sostenibilidad.

- ***Atractivo para Inquilinos:*** La tecnología avanzada y las características de eficiencia energética atrajeron a inquilinos interesados en vivir en un entorno moderno y sostenible.

- ***Mayor Seguridad y Comodidad:*** La integración de sistemas de seguridad y la automatización mejoraron la seguridad y el confort de los residentes.

Conclusión

Estos casos de estudio destacan cómo la domótica puede transformar diferentes tipos de propiedades, mejorando la eficiencia energética, la seguridad, el confort y la productividad. Cada ejemplo muestra la versatilidad de la domótica y su capacidad para adaptarse a diversas necesidades y contextos. En los siguientes capítulos, exploraremos las tendencias futuras en domótica y cómo estas tecnologías continuarán evolucionando y mejorando nuestras vidas.

Capítulo 6:

Tendencias Futuras de la Domótica

Introducción

La domótica es un campo en constante evolución, impulsado por avances tecnológicos y cambios en las necesidades y expectativas de los consumidores. Este capítulo explora las tendencias emergentes que están configurando el futuro de la domótica, desde la inteligencia artificial y el Internet de las Cosas (IoT) hasta la sostenibilidad y la integración con tecnologías emergentes como la realidad aumentada.

6.1. Inteligencia Artificial y Aprendizaje Automático

Personalización y Automatización

La inteligencia artificial (IA) y el aprendizaje automático están revolucionando la domótica al permitir sistemas más inteligentes y personalizados. Los algoritmos de IA pueden aprender las rutinas y preferencias del usuario, optimizando automáticamente los sistemas de iluminación, climatización, y seguridad.

Ejemplos:

- ***Termostatos Inteligentes:*** Aprenden las preferencias de temperatura del usuario y ajustan el clima del hogar de manera automática para maximizar el confort y la eficiencia energética.

- **Asistentes Virtuales:** Asistentes como Amazon Alexa, Google Assistant y Apple Siri pueden controlar dispositivos domóticos mediante comandos de voz y aprender hábitos del usuario para ofrecer respuestas y acciones más precisas.

Beneficios:

- Mayor comodidad y eficiencia energética.

- Experiencias de usuario más personalizadas.

- Reducción del esfuerzo manual en la gestión del hogar.

6.2. Internet de las Cosas (IoT)

Interconexión de Dispositivos

El IoT permite la interconexión de una amplia variedad de dispositivos, desde electrodomésticos hasta sistemas de seguridad, a través de internet. Esta conectividad facilita la comunicación y cooperación entre dispositivos, creando un ecosistema domótico integrado.

Ejemplos:

- **Electrodomésticos Conectados:** Refrigeradores, lavadoras y otros electrodomésticos que pueden ser controlados y monitoreados remotamente.

- **Sensores Inteligentes:** Sensores de movimiento, temperatura, humedad y otros que se comunican con sistemas centrales para optimizar el funcionamiento del hogar.

Beneficios:

- Integración fluida de múltiples dispositivos y sistemas.

- Mayor capacidad de monitoreo y control remoto.

- Posibilidad de implementar automatizaciones complejas basadas en datos de varios dispositivos.

6.3. Sostenibilidad y Eficiencia Energética

Tecnologías Verdes

La sostenibilidad es una tendencia clave en la domótica, con un enfoque creciente en la eficiencia energética y la reducción de la huella de carbono. Los sistemas domóticos están incorporando tecnologías verdes para gestionar de manera más eficiente los recursos energéticos.

Ejemplos:

-   **Gestión de Energía Solar:** Integración de paneles solares con sistemas de almacenamiento de energía y gestión domótica para maximizar el uso de energía renovable.

-   **Sistemas de Gestión del Agua:** Dispositivos que monitorean y optimizan el uso del agua, reduciendo el desperdicio y mejorando la eficiencia.

Beneficios:

-   Reducción de los costos energéticos y de servicios públicos.

-   Menor impacto ambiental.

-   Contribución a los objetivos de sostenibilidad global.

6.4. Seguridad y Privacidad

Protección de Datos

Con la creciente conectividad y recopilación de datos en sistemas domóticos, la seguridad y la privacidad se han convertido en preocupaciones críticas. Las futuras tendencias en domótica incluirán medidas avanzadas para proteger los datos y la privacidad de los usuarios.

Ejemplos:

- **Encriptación de Datos:** Uso de tecnologías de encriptación para proteger la comunicación entre dispositivos y datos almacenados.

- **Autenticación Multifactor:** Implementación de métodos de autenticación más seguros, como la biometría y la autenticación multifactor, para acceder a sistemas domóticos.

Beneficios:

- Protección de la información personal y sensible.

- Prevención de accesos no autorizados y ciberataques.

- Mayor confianza de los usuarios en los sistemas domóticos.

6.5. Integración con Tecnologías Emergentes

Realidad Aumentada y Virtual

La integración de la realidad aumentada (RA) y la realidad virtual (RV) en la domótica está comenzando a emerger, ofreciendo nuevas formas de interactuar con los sistemas del hogar.

Ejemplos:

- *Visualización de Datos en RA:* Uso de gafas o dispositivos de RA para visualizar información en tiempo real sobre el estado del hogar, como el consumo energético o la temperatura.

- *Simulaciones en RV:* Creación de simulaciones en RV para planificar y diseñar sistemas domóticos antes de su implementación real.

Beneficios:

- Interacción más intuitiva y visual con los sistemas domóticos.

- Mejora en la planificación y diseño de sistemas complejos.

- Experiencias de usuario más inmersivas y atractivas.

6.6. Automatización y Robótica

Asistentes Robóticos

La robótica está empezando a jugar un papel importante en la domótica, con el desarrollo de asistentes robóticos que pueden realizar tareas domésticas y mejorar la comodidad del hogar.

Ejemplos:

- ***Aspiradoras Robotizadas:*** Robots de limpieza que se desplazan automáticamente por la casa, limpiando el suelo y detectando obstáculos.

- ***Asistentes Robóticos:*** Robots que pueden ayudar con tareas diarias, como cocinar, jardinería o cuidar a personas mayores.

Beneficios:

- Reducción del esfuerzo manual en tareas domésticas.

- Mejora en la calidad de vida y la comodidad en el hogar.

- Apoyo adicional para personas con movilidad reducida o necesidades especiales.

Conclusión

El futuro de la domótica está lleno de posibilidades emocionantes, con tecnologías emergentes que prometen transformar nuestros hogares y edificios en entornos cada vez más inteligentes, eficientes y confortables. La inteligencia artificial, el IoT, la sostenibilidad, la seguridad, y la integración con tecnologías avanzadas como la realidad aumentada y la robótica son solo algunas de las tendencias que están dando forma al futuro de la domótica. Al mantenerse al tanto de estas tendencias, los usuarios y los profesionales del sector pueden anticipar y aprovechar las innovaciones que continúan mejorando nuestras vidas y entornos. En los siguientes capítulos, exploraremos más a fondo cómo estas tendencias están siendo implementadas en proyectos actuales y las previsiones para su evolución en los próximos años.

Capítulo 7:

Consideraciones para la Implementación de Sistemas Domóticos

Introducción

La implementación de un sistema domótico requiere una planificación y consideración minuciosa para asegurar que cumpla con las necesidades específicas del usuario y funcione de manera óptima. Este capítulo explora los aspectos clave a tener en cuenta al diseñar, instalar y mantener un sistema domótico, incluyendo la planificación inicial, la selección de componentes, la instalación, la programación y el mantenimiento.

7.1. Planificación Inicial

Definición de Necesidades y Objetivos

Antes de comenzar con la implementación de un sistema domótico, es crucial definir claramente las necesidades y objetivos. Esto incluye entender qué aspectos del hogar o edificio se desean automatizar y qué beneficios se buscan. Las preguntas a considerar incluyen:

- *¿Qué funciones desean automatizar?* Ejemplos incluyen iluminación, climatización, seguridad y control de electrodomésticos.

- *¿Cuál es el presupuesto disponible?* Definir el presupuesto ayudará a seleccionar las soluciones adecuadas dentro de las limitaciones financieras.

- *¿Qué nivel de control y personalización se requiere?* Determinar si se desea un sistema básico con control manual o un sistema avanzado con automatización y control remoto.

Evaluación del Entorno

La evaluación del entorno es fundamental para identificar los requisitos técnicos y logísticos. Esto incluye:

- *Evaluar la infraestructura existente:* Revisar la infraestructura eléctrica y de red para asegurar que pueda soportar el sistema domótico.

- *Considerar la distribución del espacio:* Analizar la disposición de habitaciones y áreas comunes para ubicar sensores y dispositivos de manera efectiva.

- *Revisar las necesidades de conectividad:* Asegurarse de que haya una red Wi-Fi confiable y suficiente cobertura para todos los dispositivos.

7.2. Selección de Componentes

Tipos de Dispositivos

Existen diferentes tipos de dispositivos domóticos, cada uno con características y funciones específicas. La selección de componentes debe basarse en las necesidades y el presupuesto definido:

- **Sensores:** Detectan condiciones como movimiento, temperatura, humedad y luz. Ejemplos incluyen sensores de movimiento para seguridad y sensores de temperatura para climatización.

- **Actuadores:** Controlan dispositivos y sistemas en respuesta a las señales de los sensores. Ejemplos incluyen interruptores inteligentes y termostatos.

- **Controladores y Hub:** Los controladores coordinan la comunicación entre sensores, actuadores y el usuario. Un hub central puede facilitar la integración y control de múltiples dispositivos.

Compatibilidad y Estandarización

La compatibilidad entre dispositivos es crucial para garantizar una integración sin problemas:

- **Protocolos de Comunicación:** Elegir dispositivos que utilicen protocolos compatibles, como LCN, Zigbee, Z-Wave o KNX, para asegurar la interoperabilidad.

- **Estándares de Industria:** Optar por productos que cumplan con estándares de la industria para asegurar la calidad y la facilidad de integración.

7.3. Instalación del Sistema

Preparativos Previos

Antes de comenzar la instalación, es importante preparar el espacio y el equipo:

- **Planificación del Cableado:** Si se requiere cableado, planificar la ubicación de cables y conexiones de manera que no interfiera con el uso diario del espacio.

- **Ubicación de Dispositivos:** Determinar la ubicación óptima para sensores y actuadores para maximizar su efectividad. Por ejemplo, los sensores de movimiento deben colocarse en áreas de alto tráfico.

Proceso de Instalación

La instalación debe seguir un proceso metódico:

- *Instalación de Hardware:* Colocar y montar los dispositivos según el plan, asegurando que todos los componentes estén correctamente conectados y seguros.

- *Configuración de Red:* Conectar los dispositivos a la red Wi-Fi o al sistema de red existente y asegurarse de que todos los dispositivos sean accesibles desde el controlador o hub central.

- *Pruebas Iniciales:* Realizar pruebas para verificar que todos los dispositivos funcionen correctamente y que se comuniquen adecuadamente con el controlador central.

7.4. Programación y Configuración

Configuración del Sistema

Una vez instalado el hardware, es necesario configurar el sistema para cumplir con los requisitos del usuario:

- *Programación de Escenas y Automatizaciones:* Configurar escenas y rutinas basadas en las necesidades del usuario, como ajustar la iluminación al caer la noche o activar el sistema de seguridad al salir de casa.

- *Personalización de Controles:* Personalizar los controles y la interfaz del usuario para facilitar la interacción y el uso del sistema.

Integración con Otros Sistemas

La integración con otros sistemas puede mejorar la funcionalidad y la eficiencia del sistema domótico:

- *Integración con Asistentes Virtuales:* Conectar el sistema con asistentes virtuales como Amazon Alexa o Google Assistant para permitir el control por voz.

- *Sincronización con Aplicaciones Móviles:* Configurar aplicaciones móviles para controlar el sistema desde cualquier lugar y recibir notificaciones en tiempo real.

7.5. Mantenimiento y Actualización

Mantenimiento Regular

El mantenimiento regular es esencial para asegurar que el sistema funcione de manera óptima:

- *Revisión de Dispositivos:* Inspeccionar regularmente los dispositivos para detectar posibles fallos o necesidades de reemplazo.

- *Actualización de Software:* Asegurarse de que el software del sistema y las aplicaciones móviles estén actualizados para mejorar la seguridad y la funcionalidad.

Adaptación a Nuevas Necesidades

Con el tiempo, las necesidades del usuario pueden cambiar, y el sistema debe adaptarse:

- *Añadir Nuevos Dispositivos:* Incorporar nuevos dispositivos o funcionalidades según sea necesario para mejorar o ampliar el sistema.

- *Reconfiguración del Sistema:* Ajustar configuraciones y automatizaciones para reflejar cambios en las rutinas o en el uso del hogar.

Conclusión

La implementación de un sistema domótico requiere una planificación cuidadosa y una consideración detallada de varios factores, desde la definición de necesidades hasta la instalación y mantenimiento. Al seguir un enfoque metódico y prestar atención a cada aspecto del proceso, es posible crear un sistema domótico que mejore significativamente la comodidad, eficiencia y seguridad en el hogar o edificio. La clave del éxito radica en una planificación detallada, una selección adecuada de componentes, una instalación precisa y una configuración personalizada, junto con un mantenimiento continuo para garantizar que el sistema continúe cumpliendo con las expectativas y necesidades del usuario.

Conclusiones Finales

Resumen de Principales Aprendizajes

A lo largo de este libro, hemos explorado los principios básicos de la domótica, las tecnologías subyacentes, la implementación práctica y las tendencias futuras que están moldeando este campo. Aquí se resumen los principales aprendizajes de cada capítulo:

1. *Introducción a la Domótica:* La domótica es el uso de tecnología para automatizar y controlar las funciones del hogar, mejorando la comodidad, eficiencia y seguridad. Los sistemas domóticos están compuestos por sensores, actuadores y controladores que trabajan en conjunto para gestionar tareas cotidianas.

2. *Principios Básicos y Tecnologías Subyacentes:* Las tecnologías subyacentes en la domótica incluyen protocolos de comunicación (como LCN, Zigbee, Z-Wave, KNX, BACney y WiFi), sensores y actuadores, y plataformas de control. La comprensión de estas tecnologías es crucial para diseñar e implementar sistemas domóticos efectivos.

3. *Áreas Clave de Aplicación:* La domótica se aplica en diversas áreas, como la iluminación, la climatización, la seguridad, el

entretenimiento y la gestión energética. Cada área ofrece beneficios específicos y puede ser optimizada mediante la automatización.

4. *Implementación de Sistemas Domóticos:* La implementación exitosa de sistemas domóticos requiere una planificación cuidadosa, instalación meticulosa y configuración precisa. Las fases incluyen la planificación y diseño, la instalación de hardware, la configuración y programación, la integración con otros sistemas y el mantenimiento continuo.

5. *Casos de Estudio y Ejemplos Reales:* Analizar casos de estudio reales muestra cómo la domótica puede mejorar la eficiencia, la seguridad y la comodidad en diferentes entornos, desde residencias hasta edificios comerciales y hospitales.

6. *Tendencias Futuras en la Domótica:* Las tendencias emergentes, como la inteligencia artificial, el Internet de las Cosas, la sostenibilidad, la seguridad y la integración con tecnologías avanzadas como la realidad aumentada y la robótica, están transformando el futuro de la domótica.

7. *Factores claves para la implementación exitosa de sistemas domóticos:* Desde planificación inicial hasta la ejecución y el mantenimiento, es esencial tener una visión clara de las necesidades específicas del proyecto, seleccionar tecnologías compatibles y priorizar la seguridad y privacidad de los datos. La automatización eficiente no solo mejora la calidad de vida, sino que también optimiza el uso de recursos energéticos, lo que contribuye a un entorno más sostenible. Con una estrategia bien estructurada, cualquier hogar o edificio puede convertirse en un espacio inteligente y funcional.

Importancia de la Domótica en el Futuro

La domótica no solo mejora la calidad de vida de los usuarios, sino que también juega un papel crucial en la sostenibilidad y la eficiencia energética. A medida que la tecnología avanza, la domótica se integrará aún más en nuestras vidas diarias, ofreciendo soluciones innovadoras para problemas cotidianos y contribuyendo a un futuro más sostenible.

Beneficios Sociales y Económicos

La adopción generalizada de la domótica puede traer numerosos beneficios sociales y económicos, incluyendo:

- *Reducción de Costos Energéticos:* La gestión eficiente de la energía puede llevar a una reducción significativa en los costos de energía tanto para hogares como para empresas.

- *Mayor Seguridad y Protección:* Los sistemas de seguridad domótica ofrecen una mayor protección contra robos e incidentes, mejorando la seguridad de los habitantes.

- *Mejora de la Calidad de Vida:* La automatización de tareas rutinarias y la personalización de los entornos del hogar pueden mejorar significativamente la calidad de vida de las personas.

- *Sostenibilidad Ambiental:* La optimización del uso de recursos como la energía y el agua contribuye a la sostenibilidad ambiental y la reducción de la huella de carbono.

Desafíos y Consideraciones Futuras

A pesar de los muchos beneficios, la domótica también presenta desafíos que deben ser abordados para asegurar su adopción y evolución exitosa. Algunos de estos desafíos incluyen:

- *Seguridad y Privacidad:* La protección de los datos personales y la seguridad de los sistemas domóticos son fundamentales para evitar ciberataques y garantizar la confianza de los usuarios.

- *Compatibilidad y Estandarización:* La interoperabilidad entre dispositivos de diferentes fabricantes y la adopción de estándares comunes son cruciales para facilitar la integración y el funcionamiento eficiente de los sistemas domóticos.

- *Costo y Accesibilidad:* Reducir los costos de los sistemas domóticos y hacerlos accesibles para un público más amplio es esencial para fomentar su adopción generalizada.

- *Educación y Capacitación:* Los usuarios y profesionales del sector deben recibir la educación y capacitación adecuadas para diseñar, implementar y mantener sistemas domóticos eficaces.

Conclusión

La domótica representa una transformación significativa en la forma en que interactuamos con nuestros hogares y edificios. Desde la mejora de la eficiencia energética y la seguridad hasta la personalización de la experiencia del usuario, los sistemas domóticos ofrecen numerosas ventajas que continuarán evolucionando con el avance de la tecnología. Al mantenerse al tanto de las tendencias emergentes y abordar los desafíos actuales, podemos maximizar el potencial de la domótica para mejorar nuestras vidas y construir un futuro más inteligente y sostenible.

Reflexión Final

A medida que avanzamos hacia un mundo más interconectado y tecnológicamente avanzado, la domótica se convertirá en una parte integral de nuestra vida cotidiana. La clave del éxito radica en la implementación cuidadosa, la integración inteligente y la adaptación continua a las necesidades cambiantes de los usuarios. La domótica no es solo una tendencia tecnológica; es una revolución que transformará la forma en que vivimos, trabajamos y nos relacionamos con nuestro entorno.

Anexos

Los anexos proporcionan información adicional y recursos que complementan los temas tratados en el libro. En esta sección, se incluyen guías prácticas, recursos de referencia y herramientas útiles para la implementación y gestión de sistemas domóticos.

Anexo A: Glosario de Términos

1. **Domótica:** Conjunto de tecnologías que permiten la automatización de los sistemas de una vivienda o edificio, mejorando la comodidad, seguridad y eficiencia energética.

2. **LCN:** Sistema Domótico Robusto e integral líder a nivel mundial, sus siglas significan Local Control Network o Control Local de Redes.

3. **IoT (Internet of Things):** Concepto que describe la interconexión de dispositivos físicos a través de internet para recopilar y compartir datos.

4. **Sensor:** Dispositivo que detecta y mide condiciones ambientales, como movimiento, temperatura o humedad, y envía esta información a un sistema central.

5. **Actuador:** Dispositivo que recibe señales del sistema central para controlar otros dispositivos, como encender luces o ajustar la temperatura.

6. ***Protocolos de Comunicación:*** Conjuntos de reglas que definen cómo los dispositivos se comunican entre sí. Ejemplos incluyen LCN, Zigbee, Z-Wave, KNX, BACnet y Wi-Fi.

7. ***Hub:*** Dispositivo central que coordina la comunicación entre diferentes dispositivos domóticos en un sistema.

8. ***Escenas:*** Conjuntos preconfigurados de ajustes de dispositivos que se activan con un solo comando para crear ambientes o realizar tareas específicas.

9. ***Automatización:*** Proceso de programar y configurar dispositivos para realizar tareas automáticamente basadas en condiciones predefinidas.

Anexo B: Recursos de Referencia

- **Manuales y Documentación de Productos:**

- Manual de Instalación y Programación LCN

- Catálogos Generales de Productos LCN

- Manual de Usuario de Sistemas KNX

- Guía de Instalación de Z-Wave

- Documentación de Productos Zigbee

- **Plataformas y Herramientas de Control Domótico:**

- LCN
  [Sitios Web]
  (https://www.lcn.eu/)
  (http://www.lcnparaguay.com/)

- Home Assistant:
  [Sitio Web] (https://www.home-assistant.io/)

- OpenHAB:
  [Sitio Web] (https://www.openhab.org/)

- SmartThings:
  [Sitio Web] (https://www.smartthings.com/)

- **Cursos y Tutoriales en Línea:**

- Cursos de Domótica LCN (Básico, Avanzado, Diseño GVS, Programación LCN-PRO y Proyecciones) en Hannover-Alemania

- Curso de Introducción a la Domótica:
  [Plataforma de Curso]

- Tutoriales de Configuración de Sistemas Domóticos:
  [Plataforma de Tutoriales]

- Webinars sobre Tecnología IoT:
  [Plataforma de Webinars]

Anexo C: Ejemplos de Configuración

Configuración de Iluminación Inteligente:

- *Objetivo:* Crear una escena de "Noche de Cine" que ajuste la iluminación a un nivel bajo y activo.

- *Dispositivos:* Lámparas LED regulables, sensor de presencia, controlador central.

Pasos:

1. **Configurar Sensor de Presencia:** Asegurarse de que detecte movimiento en la sala de cine.

2. **Programar Lámparas LED:** Ajustar a un nivel de luz bajo.

3. **Configurar Escena:** Programar la escena "Noche de Cine" para activar cuando el sensor detecte la presencia.

Configuración de Climatización Automática:

- *Objetivo:* Mantener la temperatura del hogar en 22°C durante el día y en 18°C por la noche.

- *Dispositivos:* Termostato inteligente, sensores de temperatura.

Pasos:

1. **Instalar Termostato Inteligente:** Configurar para controlar el sistema de climatización.

2. **Configurar Sensores de Temperatura:** Colocar en habitaciones clave.

3. **Programar Horarios:** Ajustar el termostato para cambiar la temperatura según la hora del día.

Anexo D: Normativas y Estándares

- **Normativas de Instalación Eléctrica:**

- Código Eléctrico Nacional (NEC)

- Reglamento Electrotécnico de Baja Tensión (REBT)

- **Estándares de Comunicación Domótica:**

- LCN-PRO y LCN-GVS:
  [Consultar aquí] (https://www.lcn.eu/)

- Zigbee Alliance Standards:
  [Consultar aquí] (https://zigbeealliance.org/)

- Z-Wave Alliance Standards:
  [Consultar aquí] (https://z-wavealliance.org/)

- KNX Association Standards:
  [Consultar aquí] (https://www.knx.org/)

- **Guías de Seguridad para Sistemas Domóticos:**

- Buenas Prácticas de Seguridad en IoT

- Protección de Datos en Sistemas Domóticos

Anexo E: Preguntas Frecuentes

1. ¿Qué protocolos de comunicación son compatibles entre sí?

Respuesta: La compatibilidad entre protocolos varía. El sistema LCN ofrece amplia compatibilidad con integraciones de todo tipo como Modbus, BACnet, Broadlink, CCTV, etc. y otros sistemas ofrecen puentes o hubs para integrar diferentes protocolos como Zigbee y Z-Wave.

2. ¿Cómo se puede asegurar la privacidad en un sistema domótico?

Respuesta: Utilizar encriptación de datos, configurar autenticación multifactor y mantener el software actualizado.

3. ¿Cuál es el costo promedio de la instalación de un sistema domótico?

Respuesta: El costo varía según el alcance del sistema, los dispositivos seleccionados y la complejidad de la instalación. Es importante obtener varios presupuestos y considerar tanto el costo inicial como los posibles ahorros en energía.

Anexo F: Ejemplos de Diseño

- **Diseño de Sistema Domótico para una Residencia Unifamiliar:**

- *Plano de Distribución:* Incluye la ubicación de sensores, actuadores y puntos de control. El diseño de visualización puede ser en 3D.

- *Diagrama de Conexiones:* Muestra la interconexión entre dispositivos o si existe el hub central o servidor.

• **Diseño de Sistema Domótico para un Edificio Comercial:**

- *Plano de Zonas:* Delimita áreas de control como iluminación, climatización y seguridad.

- *Esquema de Automatización:* Detalla los horarios y condiciones para la automatización de sistemas en diferentes áreas del edificio.

Estos anexos proporcionan información valiosa y recursos adicionales que facilitarán la implementación y gestión de sistemas domóticos. Utilizarlos como referencia puede mejorar la eficiencia y eficacia del sistema, asegurando que cumpla con los objetivos deseados y se adapte a las necesidades específicas del usuario.

Agradecimientos y Reflexión del Autor

Agradecimientos

Quiero expresar mi más sincero agradecimiento a todos aquellos que han hecho posible la realización de este libro. Mi gratitud se dirige en primer lugar a mi equipo en ZEATHE SMART E.A.S. por su dedicación incansable y su pasión por la domótica y las automatizaciones inteligentes. Su apoyo y colaboración han sido fundamentales en el desarrollo y la integración de las tecnologías descritas en estas páginas.

Agradezco profundamente a mis colegas y mentores en la industria de la domótica, cuyos conocimientos y experiencias han enriquecido mi comprensión del campo y han contribuido a la elaboración de este texto. Su disposición para compartir sus experiencias y conocimientos ha sido invaluable.

También quiero extender un agradecimiento especial a mis clientes y socios, quienes confían en nuestras soluciones y nos han permitido poner a prueba y perfeccionar nuestras tecnologías en entornos reales. Su feedback y sus desafíos han sido una fuente constante de inspiración y mejora.

Agradezco a mi familia por su apoyo y comprensión durante el proceso de redacción de este libro. Su paciencia y aliento han sido un pilar fundamental para completar este proyecto.

Por último y más importante, quiero expresar mi más profundo agradecimiento a mi hija, **Athena Dánae**, cuya luz y energía me inspiran cada día. Tu alegría y curiosidad constante me motivan a seguir adelante, recordándome lo importante que es avanzar con pasión y dedicación. Este proyecto, como tantos otros, está marcado por tu presencia en mi vida. Gracias por ser una fuente inagotable de amor y motivación.

Reflexión del Autor

La domótica no es simplemente una tendencia tecnológica, sino una revolución que está transformando la manera en que interactuamos con nuestros entornos cotidianos. En mi trayectoria como pionero en el campo de la domótica LCN y las automatizaciones inteligentes en Paraguay, he sido testigo del impacto significativo que estas tecnologías pueden tener en la mejora de la calidad de vida, la eficiencia energética y la seguridad.

Este libro busca no solo informar sobre los principios y aplicaciones de la domótica, sino también inspirar a quienes buscan aprovechar estas tecnologías para mejorar sus vidas y sus entornos. La integración de sistemas domóticos ofrece una oportunidad única para crear espacios más inteligentes, sostenibles y adaptados a nuestras necesidades individuales.

A medida que avanzamos hacia un futuro cada vez más interconectado, es crucial que continuemos explorando y adaptando las innovaciones tecnológicas para satisfacer las crecientes demandas de eficiencia, comodidad y seguridad. La domótica, con sus posibilidades en constante expansión, representa un paso importante hacia la creación de un mundo más inteligente y eficiente.

Espero que este libro sirva como una guía valiosa tanto para profesionales del sector como para entusiastas de la tecnología, y que inspire nuevas ideas y proyectos que continúen impulsando la evolución de la domótica.

Gracias por su interés y por acompañarme en este viaje hacia un futuro más inteligente y conectado.

EL AUTOR

Raúl Villamayor Barros
Experto en Domótica e Inmótica
CEO/Presidente de ZEATHE SMART E.A.S.

Breve Biografía del Autor

Breve Biografía del Autor

Raúl Villamayor Barros, un visionario innato de la tecnología, desde niño estuvo rodeado de innovaciones, lo que forjó en él una curiosidad insaciable y una pasión inquebrantable por la informática y el networking. A una edad en la que otros niños jugaban, Raúl ya desarmaba computadoras, exploraba sistemas y soñaba con un futuro totalmente automatizado. En su adolescencia, mientras sus contemporáneos apenas se familiarizaban con Internet, él ya había tomado las riendas del Network Operations Center (NOC), liderando equipos y reestructurando empresas en el ámbito de la seguridad tecnológica avanzada, ganándose el respeto como un joven prodigio en el campo.

Raúl no solo incursionó en telecomunicaciones e Internet; lo dominó. Mientras otros aún exploraban las primeras fases de estas industrias, él ya había gestionado redes críticas, optimizado sistemas complejos y llevado a cabo reestructuraciones corporativas en tiempo récord, logrando resultados que muchos ejecutivos veteranos solo podían soñar.

Su verdadera grandeza emergió cuando incursionó en el fascinante mundo de la domótica de alta gama, especialmente la tecnología LCN de Hannover-Alemania, hace más de 15 años. Raúl no solo se limitó a aplicar lo que ya existía: innovó, personalizó, enseñó y llevó las tecnologías de automatización a niveles nunca antes imaginados. Su capacidad para integrar sistemas que otros consideraban incompatibles o imposibles lo convirtió en un pionero sin igual en el campo. Su toque se nota en proyectos de gran envergadura, como la Confederación Sudamericana de Fútbol, donde automatizó sistemas enteros, revolucionando la forma en que las instalaciones deportivas gestionan su infraestructura tecnológica.

Uno de sus logros más impresionantes fue la transformación total del Edificio Miami, una torre de 54 apartamentos distribuidos en 24 pisos, donde Raúl implementó una solución de automatización completa que abarca iluminación, control de accesos, climatización, cortinas, detectores de presencia y áreas comunes. Este proyecto, un ejemplo icónico de ingeniería avanzada, muestra su habilidad para transformar simples edificios en organismos inteligentes y funcionales.

Luego de haber Gerenciado la Representación de la marca Alemana en el País, incursionó como CEO de ZEATHE SMART E.A.S., Raúl ha consolidado su reputación como uno de los líderes más innovadores de Paraguay y más allá, aportando soluciones de ingeniería a proyectos de residencias de lujo, restaurantes de renombre, bancos y fábricas de gran escala. Su enfoque no se limita a las soluciones técnicas; él entiende las necesidades de cada cliente con una profundidad que pocos pueden igualar, y cada proyecto es una obra de arte tecnológica.

Su mantra es la perfección total. Nada menos es aceptable para él. Cada cable, cada sensor y cada sistema debe funcionar en perfecta armonía, y él supervisa personalmente cada detalle para asegurarse de que así sea. Ha realizado integraciones que muchos calificaban como imposibles, demostrando que no existen barreras tecnológicas que no pueda superar.

Además de su maestría en domótica, su experiencia se extiende a proyectos eléctricos, electromecánicos, sistemas de combate contra incendios, iluminación, sistemas de alarmas avanzados, audio y vídeo para fábricas de gran envergadura. No hay desafío que Raúl no pueda superar, y su habilidad para combinar estética, funcionalidad y eficiencia lo posiciona como uno de los líderes más influyentes en la integración tecnológica a nivel regional.

Con una mente siempre en movimiento y un ojo para los detalles que pocos poseen, Raúl Villamayor Barros es más que un experto en domótica; es un verdadero arquitecto del futuro, capaz de diseñar y construir sistemas que anticipan las necesidades de las personas y crean experiencias de vida completamente nuevas. Su legado ya está marcado como pionero en la historia de la automatización y la integración tecnológica en Paraguay, y su influencia no muestra signos de detenerse. En cada proyecto que emprende, Raúl redefine los límites de lo posible, llevándonos un paso más cerca del futuro interconectado e inteligente que él siempre ha imaginado.